Kirche in Uelsen

© 2017
Herstellung und Verlag: BoD – Books on Demand,
Norderstedt.
ISBN: 9783744889599

Für meine Freunde
Ulla und Eddy
und für Oma Bärendorf,
die uns alle
schon vor Jahren
nach Uelsen gelockt hat.

Daily Painting

Im Sommer '15 stieß ich auf die Richtung
,Daily Painting'
– jeden Tag ein kleines gemaltes Bild!
Die Bilder werden sofort im Internet veröffentlicht und oft
mit einem humorvollen oder persönlichen Kommentar
versehen. So entsteht ein Tagebuch, gefüllt mit
Erinnerungsbildern und Momentaufnahmen.
Und was lag da näher, als die Bilder thematisch etwas zu
ordnen und in Buchform herauszugeben?
Meinen Blog finden Sie unter

carolamehring.blogspot.com

Hier soll auch weiterhin (fast) jeden Tag ein neues Bild
eingestellt werden.
Und nun viel Freude beim Betrachten der Bilder!
Carola Mehring

Von Uelsen bis nach Ootmarsum

Carola Mehring

5.4.2016

2 Schneebälle zum Empfang,

ein Brief auf der Fensterbank,
ein Tortenstück in der Fensternische,
ein Spiegelei im Türeingang?
Wo gibt's denn sowas?
In Uelsen ist alles möglich..... ☺

Leider sind die Schneebälle inzwischen
gegen andere Kunstwerke ausgetauscht.
Nichts gegen die neuen Kunstwerke!
Aber die Schneebälle zum Empfang fand ich
einfach witzig.

26.3.2016

Blick aus dem Fenster auf die Kirche von Uelsen

Heute Morgen schien die Sonne
und vor der trutzigen Kirche aus Bentheimer
Sandstein leuchtete die gelbgrüne Wiese.

19.2.2016

Uelsen

Immer wieder erfreut dieser merkwürdige
Blick an der Windmühle vorbei auf die
Kirche von Uelsen!

21.6.2017

Blekkers Hof

Das Bild passt absolut nicht zum Wetter
von heute,
aber es wollte endlich fertiggemalt
werden!
Jahrelang verfolgten wir den Niedergang
des Blekkers Hofes.
Doch dann wurde dieser Hof umgebaut zu
einer Wohn- und Arbeitsstätte
für Menschen mit Behinderung.
Angeschlossen ist ein sehr nettes Café,
das sich in dieser damals so
heruntergekommenen Scheune befindet.

10.2.2017

Der alte Blekkers Hof in Uelsen

Leckerer, selbstgemachter Kuchen wartet hier!
Bald essen wir dort wieder leckeren Kuchen!

12.5.2017

Erdbeerkuchen im Blekkers Hof

Und da ist er schon, der leckere Kuchen!
Jogurtcreme mit den ersten Erdbeeren....

1.4.2016

'Um den Block' im Regen / Uelsen

Leider war der Wettergott uns nicht
besonders gewogen.
Der Himmel war häufig grau verhangen
und die Wolken öfter undicht.

30.4.2016

Die alte Wassermühle in Lage

**Die alte Mühle ist fast 750 Jahre alt.
Sie war bis zum Tod des letzten Müllers
(1957) in Betrieb.**

6.5.2017

Blühender Kirschbaum bei der Teestube in
Lage

Wenn das alles Kirschen werden,
ist der Kirschkuchen in dem hübschen
kleinen Café gesichert!

17.4.2017
Der Sch........ in der 'Herrlichkeit Lage'

Bei einem Spaziergang in der
'Herrlichkeit Lage'
wartete im Geäst über dem Weg schon ein
Amselmännchen auf uns.
Man sah ihm an, dass er etwas vorhatte.
Meine Freundin flitzte unter dem Unhold
her, Glück gehabt,
das kleine Teufelchen ließ genau eine
Sekunde später etwas fallen.
Er beäugte noch, ob sein Plan
aufgegangen war, dann flog er enttäuscht
von dannen.
Ich konnte gefahrlos unseren kleinen
Spaziergang beenden.

11.4.2016

Landarbeiterhäuser der Herrlichkeit Lage

In der Nähe des alten Herrenhauses (1686) befinden sich Landarbeiterhäuser (1850), die zum Gut gehören. Hier wohnten die Bediensteten des Herrenhauses.
Ebenfalls in unmittelbarer Nähe steht die - schon erwähnte - alte Wassermühle mit 2 Rädern!

23.4.2017
24.4.2017
16.4.2017

Auf dem Weg zur Herrlichkeit 'Lage',
fast schon in 'Twente' Holland

Nach ein paar warmen Tagen sah es in der
Landschaft der Grafschaft schon ein
bisschen nach Frühling aus. 🌳
Die Landschaft hier wird auch als
'Kulissenlandschaft' bezeichnet.
Wahrscheinlich,
weil sich die Baumreihen wie
Seitenkulissen im Theater ins Blickfeld
schieben.

29.4.2017

Grabhügel aus der Bronzezeit

Überall in der Gegend von Uelsen tauchen
sie auf, die Hügel,
die bei näherem Hinsehen nicht wie die
natürlichen Hügel aussehen.
Es sind tatsächlich Grabhügel aus der
Bronzezeit.
Interessante Funde wurden gemacht:
nicht nur Urnen, sondern auch ein
Goldbecher wurden entdeckt.

20.2.2016

Gefahr lauert an der Gartenhecke!

Von der Terrasse des Ferienhauses
beobachtete ich diese Mischung aus Fuchs
und Katze, die offensichtlich Vögel jagen
wollte.
Doch die Piepmätze waren schneller und
gewitzter als die Katze,
so dass sie irgendwann gefrustet von
dannen zog.

6.4.2016

Auf den Spuren unserer Vorfahren

Zwischen Uelsen und der holländischen
Grenze gibt es noch mehr Hügelgräber aus
der Bronzezeit.
Es beschleicht einen ein merkwürdiges
Gefühl bei dem Gedanken, dass hier vor
über 3000 Jahren Menschen ihre
Verstorbenen begraben haben.
Dieses Gräberfeld bei Hesingen muss - wenn
die Heide blüht - toll aussehen.

16.4.2016

Altes Gesindehaus in Wietmarschen

Wietmarschen ist ein Wallfahrtsort
und in einem Wallfahrtsort gibt es immer
ein gutes Café!
In dem alten Gesindehaus des ehemaligen
Klosters kann man wunderbar Kaffee
trinken!
Allerdings sollte man sich eine ruhige Zeit
aussuchen -
oder schlechtes Wetter.

Für unseren Ausflug traf beides zu.

20.4.2017
Skulptur im Bauerngarten
Das Stift in Wietmarschen war lange Zeit ein Stift für hochadelige Damen,
1808 löste Napoleon das Stift auf und übergab den Besitz an die Fürsten von Bentheim.
Nach dem 2.Weltkrieg wurden etliche Stiftsgebäude abgerissen, in den 70-er Jahren besann man sich und rettete die 4 verbliebenen Gebäude.
In einem kleinen Bauerngarten auf dem wunderschönen Gelände gibt es einen gemauerten Podest, der
 - mittig in dem kleinen Garten -
eigentlich mit einer Sonnenuhr oder einer Figur geschmückt sein könnte.
Doch wir fanden diese 'Gießkannenskulptur' vor.

Auch nicht schlecht........☺

26.4.2016

Ootmarsum

Geht es noch holländischer?

28.3.2016

Kakao in Ootmarsum

Ein Genuss in 'De Pastorie' !
Dieses Restaurant ist dem Museum von
Ton Schulten angeschlossen.
Lekker! Lekker!

19.4.2017

Holländischer Kaffee

Oder:
Nichts geht über eine Tasse holländischen Kaffee!
Ebenfalls in 'de Pastorie' in Ootmarsum.

28.4.2017

Das Kaffeemädchen

Vielleicht war das Wiener
Schokoladenmädchen,
ein Pastell von Jean-Étienne Liotard,
Vorbild für diese Skulptur im Innenhof der
Brasserie Rien Schulten .

Krentenwegge und dazu
Kaffee..........wunderbar!

16.5.2017

Oldtimer in Ootmarsum

Dieses Gefährt erregte doch einiges Aufsehen, etliche Menschen bestaunten und begutachteten das alte Automobil.

13.2.2016

Ootmarsum/NL

Gestern Morgen war es ein schon ein
bisschen heller, als ich zur Arbeit fuhr.
Sofort kamen die ersten Gedanken an
'Urlaub':
Ootmarsum, Holland, die kleine Stadt an
der Grenze,
mit einem kleinen Freilichtmuseum,
einem Schulmuseum ☺
und vielen Galerien!

20.3.2016

Openluchtmuseum Ootmarsum

In Ootmarsum/NL gibt es ein kleines,
aber feines Freilichtmuseum!

23.4.2016

Gefäße zum Milch seihen

Ich vermute wenigstens, dass diese
Schüsseln mit einem Siebeinsatz dafür
benutzt wurden.
Im Openluchtmuseum in Ootmarsum lagen
diese Gerätschaften auf einem Holzrost zum
Trocknen.

3.4.2016

Was macht in Uelsen ein Zwerg auf einem Dach?
Tja, da kann man lange rätseln!
Hat er - aufgrund seiner nicht vorhandenen Größe
- in dem kleinen Ort den Überblick verloren?
Waren die Bäume schlecht zu erklimmen?
War die Kirche mit dem riesigen Kirchturm mal
wieder abgeschlossen und so eine Besteigung des
Kirchturms nicht möglich?
Die Windmühle war auch zu?

Die Lösung ist simpel:
Der Zwerg hält Ausschau nach Gästen des
Pannekookenhuuses!

27.3.2016

Zum Angriff !   ;-))

Leckere Pfannekuchen im Pannekookenhuus
in Uelsen!
Guten Appetit!

18.4.2017

Der Kirchturm von Uelsen abends um 9

Der Kirchturm der ev.-ref. Gemeinde ist für einen kleinen Ort ungewöhnlich trutzig.
Aber er war noch höher!
In den Informationen zum Ort Uelsen steht, dass der Kirchturm 1683 zu einem Teil durch Blitzschlag zerstört wurde.
Er war damals 86 m hoch, heute leider nur noch bescheidene 52 m !!!!

18.5.2017

Oma Bärendorf

Oma Bärendorf ist Schuld an unserer Uelsenmanie!
Sie besaß lange Jahre ein schmuckes Häuschen im 'Feriengebiet'.
Meine Freunde fuhren mit ihren Kindern häufig nach Uelsen, ein paarmal kam ich mit.
Inzwischen ist das Häuschen verkauft, aber wir fahren immer noch einmal im Jahr nach Uelsen.

Meine Bilder sind fast alle 20 x 20 cm groß und mit Acrylfarbe gemalt. Da Malen mein Hobby ist, male ich nach Feierabend, also abends gemütlich bei mir zu Hause. Deswegen nehme ich meine Fotos oder Fotos, die mir Freunde und Bekannte zur Verfügung gestellt haben, als Vorlage. Falls Interesse an dem Erwerb eines Bildes besteht, überprüfen Sie anhand des Datums auf meiner Seite im Internet:

carolamehring.blogspot.com ,

ob das Bild noch erhältlich ist.

Dort finden Sie auch meine Mail-Adresse, so dass Sie mit mir Kontakt aufnehmen können.

Bereits als Buch bei Books-on-Demand erschienen:

- Uropas Sicht der Dinge
- Mick Maus baut ein Haus
- Clara juckelt durch Europa
- Ein Mops lief in die Kirche
- „O nee, nä!", sagte Anton, der Maulwurf
- Wolli Wollkäfer und seine Bande
- Zurück in Bochum
- Ist 's Mäuschen zu Haus?
- Fritzis Bochum
- Stippvisiten bei Fritzi
- Fritzis Advent
- Lebensbilder
- Mathilde, die mathematisch begabte Schnecke

- Bilderbuch 1
  Flora und Fauna
- Bilderbuch 2
  Kinder und andere nette Leute

Die Serie soll fortgesetzt werden.
Alle Bücher sind im Buchhandel und im
Versandbuchhandel erhältlich.